NÉCROLOGIE

LE

R. P. SUNDHAUSER

DE LA CONGRÉGATION

DU SAINT-ESPRIT & DU SAINT CŒUR DE MARIE

SUPÉRIEUR

DU COLLÈGE SAINT-NICOLAS DE RAMBERVILLERS

ET DE L'INSTITUTION SAINT-JOSEPH D'ÉPINAL

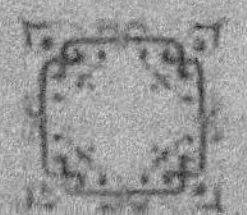

SAINT-DIÉ

TYPOGRAPHIE ET LITHOGRAPHIE L. HUMBERT

NÉCROLOGIE

LE
R. P. SUNDHAUSER

DE LA CONGRÉGATION

DU SAINT-ESPRIT & DU SAINT CŒUR DE MARIE

SUPÉRIEUR

DU COLLÈGE SAINT-NICOLAS DE RAMBERVILLERS
ET DE L'INSTITUTION SAINT-JOSEPH D'ÉPINAL

SAINT-DIÉ
TYPOGRAPHIE ET LITHOGRAPHIE L. HUMBERT

NÉCROLOGIE

LE R. P. SUNDHAUSER

DE LA CONGRÉGATION DU SAINT-ESPRIT
ET DU S. CŒUR DE MARIE

SUPÉRIEUR DU COLLÈGE SAINT-NICOLAS DE RAMBERVILLERS
ET DE L'INSTITUTION SAINT-JOSEPH D'ÉPINAL

La mort a trop souvent des fantaisies royales : comme Tarquin, elle se plaît à abattre les têtes qui dépassent les autres. Le R. P. Sundhauser était de celles-là ; tous ses efforts ne parvenaient pas à le céler, il appartenait à l'aristocratie intellectuelle.

Né à Ackenheim, le 15 avril 1837, de l'une de ces vieilles souches qui sont l'honneur de l'Alsace, Albert était le dernier de dix enfants.

Dieu visite encore les familles patriarcales ; c'est même sur ces troncs vigoureux qu'il va couper les flèches de sa droite et remplit son carquois (1). L'enfant attira son re-

---

(1) Ses deux plus jeunes sœurs se consacrèrent à Dieu, l'une (sœur sainte Balbine) à la Providence de Ribeauvillers ; l'autre (sœur du saint Cœur de Marie) chez les religieuses de saint Joseph de Cluny : elle fut longtemps à Cayenne.

gard : nature un peu timide, mais exquise, esprit droit et sérieux, cœur dévoué, plein d'élans, toujours prêt à tendre sa voile au souffle divin, il prit naturellement le chemin du séminaire de Strasbourg et s'y fit vite une place.

Bientôt même les immolations du sacerdoce ne suffirent plus à cette âme généreuse qui avait des battements d'ailes vers les hauteurs escarpées du sacrifice. Le 2 octobre 1855, le jeune lévite allait frapper à la porte du scolasticat de la Congrégation du Saint-Esprit, à Gourin (Morbihan). C'est décidé, il sera apôtre des noirs.

Le vénérable P. Libermann venait de mourir, laissant son Institut dans sa première ferveur. Albert eut donc ce rare bonheur d'être formé par les fondateurs de l'Ordre et de sucer la forte sève qui ombrage les berceaux monastiques d'une si riche floraison.

Aussi quelle fécondité ! Une autre plume étudiera le religieux, nous ne voulons ici qu'esquisser à grands traits la figure de l'éducateur. Cette exubérance d'activité et de dévouement se trouve à l'étroit dans le noviciat : chef de chœur, il établit une maîtrise parmi ses condisciples ; chef de travail, il préside à l'atelier où les futurs missionnaires sont initiés aux diverses professions manuelles.

Mais déjà la lame use le fourreau. On le renvoie dans sa famille pour refaire sa santé. Il y est saisi par la fièvre typhoïde qui le met aux portes du tombeau.

Ordonné prêtre le 5 avril 1862, il fait profession le 25 août suivant et part pour les Antilles. La Congrégation venait d'être chargée de créer le collège de l'Immaculée-Conception ; elle avait confié cette mission au R. P. Guilloux, en lui adjoignant le jeune profès.

Préfet d'un collège presque sans élèves, économe d'une caisse sans argent, le P. Sundhauser se mit à l'œuvre, et le succès couronna ses effort. L'étude de l'espagnol et de l'anglais ne fut pour lui qu'un jeu ; elle ne suffit pas à alimenter son activité, et, tout en professant avec distinction le français, il menait de front, avec ses études linguistiques, la fondation d'une fanfare, la direction (comme aumônier) du pensionnat des Sœurs de Saint-Joseph, l'établissement d'une association pieuse de jeunes gens sous le patronage du Sacré-Cœur, préludant ainsi aux œuvres qui devaient faire de Rambervillers la maison *éducatrice* par excellence.

Tout cela l'avait mis en vue : en 1873 il est envoyé à Saint-Pierre (Martinique), comme préfet de discipline. Le séminaire-collège Saint-Louis-de-Gonzague était alors à l'apogée de sa gloire, il comptait près de 300 élèves et des maîtres qui ont un nom ; le R. P. Sundhauser brilla dans cette pléiade. Mais comme toujours, il se multipliait sans compter avec ses forces, qui le trahirent une seconde fois.

Le 10 septembre 1877, il quittait l'Amérique, où il laissait des souvenirs qui n'ont pas vieilli, comme le prouvent les nombreuses lettres qui vinrent consoler ses derniers jours. Après trois semaines de repos dans sa famille, il fut envoyé à N.-D. de Langonnet (1), comme préfet de discipline.

Depuis 15 années qu'il brille au second rang, n'est-il pas digne du premier ? La question est aussitôt résolue que posée. En 1880, la Congrégation ayant accepté la succession du collège de Rambervillers, il y fallait un organisateur et le P. Sundhauser avait fait ses preuves.

Nous avons rappelé ici même comment il justifia pleinement la confiance de ses supérieurs, nous ne le répéterons point. Sans doute le maître fut admirablement secondé par des professeurs comme les R. P. Vœtgli, Renaud, Ray, Kun, Ducloux, Boch, etc ; mais il eut sa large part dans les succès

---

(1) Ancienne abbaye de Bernardins et où l'on avait transporté l'établissement de Gourin, actuellement occupé par les Sœurs de Saint-Joseph.

académiques qui ont assis la réputation de Rambervillers. Son zèle, toujours en éveil, se préoccupait sans cesse de fortifier l'enseignement. En même temps qu'il entretenait par ses pieuses industries l'émulation des élèves, par des conférences pédagogiques il mettait sa vieille expérience au service des professeurs.

Ici comme partout, il marquait son passage en se faisant l'apôtre de la communion fréquente et de la dévotion au Sacré-Cœur (1). Il se disait, comme le saint curé d'Ars, qu'au passereau il faut bien « deux ailes pour retirer ses pattes de la boue du monde » et, pour armer les jeunes gens contre les luttes de la vie, il faisait marcher de pair l'éducation morale avec la culture intellectuelle, la formation du cœur et de l'esprit ; car il faut les deux pour faire un homme. C'est ainsi qu'il justifiait la confiance des familles.

Il ne jouissait pas moins de celle des élèves, qui allaient à lui comme à un père : il avait pour eux l'abord si facile, le cœur si bon, tout en gardant sa distance ! C'est le don des religieux, sans doute, d'apporter dans les relations journalières cette bienveillance, cette affabilité, ce liant, cette gaîté même franche et cordiale, sans glisser jamais sur la pente de la familiarité et du laisser-aller ; mais personne ne le posséda plus que le R. P. Sundhauser, qui savait admirablement se faire tout à tous et vous mettre à l'aise sans

---

(1) La communion mensuelle était devenue, avec le temps, le lot d'un grand nombre d'élèves ; et la dévotion au Sacré-Cœur avait pris, grâce à l'esprit pratique du Supérieur, une forme tout particulièrement intéressante. Avant la messe, le P. Sundhauser lisait une série de recommandations au Sacré-Cœur, recueillies sous forme de billets déposés par les élèves dans une boîte fermée : santé des parents, affaires de famille, victoires sur la paresse et autres défauts, lumières pour sa vocation, amour de la piété, grâce de persévérance, succès aux examens, etc. Tous les biens de l'ordre spirituel et temporel étaient l'objet de ces demandes.

cesser un instant de rester digne. Et puis avec quel bonheur il accueillait le clergé vosgien, ayant toujours ce petit mot du cœur qui faisait votre conquête, ce tact exquis de l'homme habitué à s'oublier pour penser à ses hôtes. Aussi M. l'abbé Chapelier, vicaire capitulaire, lui rendait-il un jour ce témoignage public : « Mon Père, les sympathies ne vous ont pas manqué ici, parce que vous avez voulu être des nôtres. Elles vous suivront à Epinal, parce que vous resterez ce que vous êtes. »

Mais avant de le suivre à Epinal, voyons d'abord comment il y est allé. On peut dire que c'est par la force des choses, car Epinal avait toujours été le rêve des professeurs de Rambervillers (¹), des successeurs de M. Conraud en particulier. On sentait que l'établissement ne s'épanouirait pleinement que là, et l'on répétait sans cesse au P. Sundhauser : « Rambervillers n'a pas d'avenir, nous sommes condamnés à y végéter ! » Aussi le Conseil de la Congrégation du Saint-Esprit semblait-il décidé à l'abandon de Rambervillers.

Etait-ce nécessairement l'abandon des Vosges ? Non certes, et tout le personnel enseignant n'avait qu'une voix :

— Allons à Epinal !

Le sage supérieur écoutait tout et ne répondait rien : il réfléchissait, comme l'homme qui s'est mesuré avec les difficultés d'une création. Jamais, chez lui, la spontanéité n'avait compromis une affaire ; habitué à ne rien laisser au hasard, il ne s'aventurait point et n'allait de l'avant qu'après avoir mûri sa démarche par la prière et la réflexion.

Un jour — c'était à la fin de juillet 1886 — à la suite d'une

---

(1) Et même avant de fonder le collège de Lamarche, on avait songé à Epinal. (Voir la correspondance de Mgr de Jerphanion avec MM. les abbés Chaplat, Thiébaut et Henry.)

lecture de l'*Univers* au réfectoire, lecture qui mettait en relief la foi de Mgr Guibert dans la fondation de Montmartre, quelqu'un lui dit :

« Voyez-vous, mon R. Père, que dans ces entreprises la
« foi est tout, la prudence humaine rien. A Tours, pour la
« basilique de Saint Martin, Mgr Guibert veut recueillir
« les fonds avant de commencer l'œuvre, et l'œuvre tombe
« à l'eau !... A Montmartre, Sa Grandeur pose la première
« pierre avant de recueillir le premier sou, et la basilique
« est debout... »

Un éclair brilla dans l'œil du bon supérieur, qui sourit... et parla d'autres choses. Mais le lendemain, « une affaire pressante » l'appelait tout à coup à Saint-Dié.

A son retour, il était pensif, et le soir, à la récréation, ce fut un coup de théâtre quand on l'entendit d'une voix grave et solennelle dire :

« — Vous savez, à partir d'aujourd'hui, je vous défends absolument de parler du projet d'Epinal. »

On se tut... et l'on pria.

Quelque temps après, le P. Sundhauser était rappelé à Saint-Dié et trouvait un revirement complet. Le projet était mis à l'étude, une société constituée sous le patronage de Mgr de Briey, et le supérieur annonçait triomphalement aux élèves rassemblés « la création de l'école *Jeanne d'Arc* (1). » On sait le reste.

Ce qu'on ne sait pas, c'est tout ce qu'il fallut à ce vétéran, sur lequel pesaient si lourdement ses quinze années de colonies, ce qu'il lui fallut, disons-nous, de courage pour attaquer l'audacieuse entreprise, d'indomptable énergie pour

---

(1) Nous n'avons pas à dire ici pourquoi Mgr de Briey changea ce nom, voté par acclamation sur la proposition du P. Sundhauser, et le remplaça par celui d'*Institution Saint-Joseph.*

en surmonter les difficultés, de savoir-faire pour la mener
à bonne fin.

« Ah! mon révérend Père, lui dira un jour le rapporteur
« du comité, je suis obligé de vous dénoncer ici comme un
« homme tout à fait dangereux par la violence invisible et
« douce de votre tenacité persuasive, qui nous a tant de
« fois vaincus !... Avec vous nous allions de devis en devis
« toujours croissants, avec vous nous montions d'étage en
« étage, avec vous nous arpentions des champs et des jar-
« dins toujours accrus ; chaque fois c'était le dernier effort :
« certes l'on n'irait pas au delà.... et, la fois suivante, il
« fallait encore marcher, messieurs, pour ne pas contrister
« cet excellent homme.... »

Commencés au printemps de 1887, et poussés vigoureu-
sement par le Vénéré Supérieur, admirablement secondé
par l'architecte, M. Michaud (de Sartes), les travaux purent
être terminés en un an. Au mois d'octobre 1888 l'établissement s'ouvrait ; mais le R. P. Sundhauser était épuisé. Sa
vieille maladie de cœur s'étant aggravée, le repos lui fut im-
posé d'urgence. Un séjour d'un mois dans sa famille (printemps de 1889) ne put enrayer le mal qui fit bientôt des
progrès alarmants. L'on songea enfin à le décharger des
soucis du Supériorat, tout en lui en laissant le titre.

Tranquille sur l'avenir de sa chère Maison qu'il sentait en
bonnes mains — la direction en ayant été confiée provisoire-
ment au R. P. Hubert, assistant du Supérieur général, — il
prit le chemin de l'Alsace, avec un congé indéfini (1). Mais il

---

(1) — Sa dernière pensée fut pour les œuvres qui avaient eu les pré-
mices de son apostolat parmi les jeunes gens. D'abord la fondation
d'une conférence de Saint Vincent de Paul, agrégée à celle de la ville,
puis celle d'une confrérie des plus fervents sous le patronage de la
Sainte Vierge, qu'il recommanda tout spécialement au R. P. Hubert,
ainsi que la dévotion au Sacré Cœur : tel fut son testament religieux.

était trop tard ; et malgré les soins qui lui furent prodigués dans la famille de son frère, maire d'Ackenheim, il s'endormait pieusement dans le Seigneur (6 février 1890), après avoir été pour tous un sujet d'édification par ses sentiments de foi, de patience, de résignation.

A la veille de sa mort il écrivit au Révérendissime Père Emonet (1), une lettre touchante, expression des dernières volontés du religieux. « Avant de paraître devant Dieu, » il veut s'agenouiller une dernière fois aux pieds de son supérieur et lui renouveler ses vœux d'obéissance et d'entière soumission. L'humble fils du vénérable P. Liberman est heureux de mourir sous l'habit religieux, mais désolé de mourir ailleurs que sous le toit de son ordre, il proteste en face du « Souverain Juge devant qui il va comparaître », que c'était son vœu le plus cher, mais qu'il ne l'a pas pu. Tel fut son dernier sacrifice ; sa dernière pensée fut pour ses chers enfants d'Epinal, où quelques heures plus tard arrivait cette dépêche : « Supérieure morte. »

Rappelons-nous que le défunt a une sœur à Rome, supérieure du grand orphelinat des religieuses de Cluny, et nous comprendrons la douloureuse incertitude qui plana quelque temps sur les esprits à l'Institution Saint-Joseph. De nouveaux renseignements vinrent bientôt la dissiper et rétablir l'orthographe tronquée par les allemands : « Supérieur mort. »

Avec la législation draconienne qui régit l'Alsace-Lorraine, il fallut renoncer à envoyer aucune députation de maîtres ou d'élèves aux funérailles du vénéré défunt qui eurent lieu le 8 février, avec un grand concours de peuple.

Elles furent présidées par M. l'abbé Hiltz, curé de Saint-Pierre-les-Vieux (Strasbourg) ; un autre de ses amis, M.

---

(1) Aujourd'hui supérieur général de la Congrégation.

l'abbé Wiss, chanta la messe, M. le curé d'Ackenheim fit l'absoute et prononça l'oraison funèbre. Toute la paroisse pleura celui dont elle était si fière et à bon droit.

Les élèves d'Epinal s'étaient cotisés et avaient mis 150 fr. à l'achat d'une couronne monumentale qui suivait le cercueil de celui qu'ils appelleront toujours leur *Père*.

Nous aussi, mon R. Père, nous voulons déposer sur votre tombe, non pas une couronne monumentale, hélas ! mais un simple bouquet d'immortelles que nous avons glané à la hâte dans le champ de votre vie, en attendant qu'une autre main plus habile y moissonne à pleines mains.....

Nous y déposons en même temps un regret et un vœu, en priant le vénéré Père d'accepter l'une et d'appuyer l'autre de son patronage là-haut.

Le regret, c'est que le caractère privé de la chapelle de l'Institution Saint-Joseph (d'Epinal) n'ait pas permis aux Pères du Saint-Esprit de convoquer les amis du défunt à son service. Ce regret est d'autant plus grand qu'on ne peut pas réparer cette lacune par un service de *quarantal* à l'église d'Epinal, les statuts de l'Ordre s'y opposant formellement.

Le vœu, c'est que l'établissement que vous avez fondé, mon Père, au prix de votre vie, reprenne le nom que vous aviez rêvé d'écrire en lettres d'or à son fronton : *Ecole Jeanne d'Arc.*

Nous sommes bien sûrs qu'aujourd'hui Mgr de Briey sera le premier à battre des mains, et que Saint-Joseph ne sera pas le dernier à applaudir à cette protestation contre les tentatives d'accaparement, en restituant à un collège-frontière le seul drapeau qui doive, aujourd'hui, flotter sur les soldats de demain, le drapeau qui fit reculer le brutal vainqueur du sol envahi.

Сн. PIERFITTE, Curé de Portieux.

9 782329 267272